| 心得帖丛书 |

松下幸之助的
20条实践心得

[日] 松下幸之助 著

艾薇 译

经营哲学

实践经营哲学

人民东方出版传媒
People's Oriental Publishing & Media
东方出版社
The Oriental Press

作者简介

[日]松下幸之助

Panasonic（原松下电器产业）集团创始人，PHP研究所创办者。1894年，出生于日本和歌山县。9岁时，独自一人到大阪当学徒，后就职于大阪电灯株式会社。1918年，23岁时创建了松下电气器具制作所。1932年，意识到产业人的真正使命，产生了自己的经营哲学。1935年，制作所改名为松下电器产业株式会社。1946年，以"Peace and Happiness through Prosperity"（通过繁荣实现和平与幸福）为理念，创办PHP研究所，开始了PHP运动。1979年，兴办松下政经塾。1989年去世，享年94岁。代表作《天心：松下幸之助的哲学》。

前　言

今年刚好是我白手起家的第 60 个年头。就人而言，60 岁其实已经是"花甲"之年。我自幼就体弱多病，能走到今天，着实令我喜出望外。60 年前，三个人白手起家创办的小作坊，得益于大家的支持，如今已经发展成拥有十万多名员工（包括关联公司的员工在内）的大企业。公司的成绩有目共睹，完全出乎我的意料，我的内心充满感恩。

本书总结了我在这 60 年的亲身经历和实践中总结出的对经营的思考，也就是所谓的"经营理念""经营哲学"。提到"经营理念""经营哲学"，常给人一种"阳春白雪"的高冷之感，但是本书并非从学术角度进行探讨，也不具备完整的体系结构，说到底，本书只是我基于自身实践的经验之谈，是我认为能帮助大家在经营上取得成功的一些基本思考。

公司刚好在今年迎来60岁"花甲"之年，从这一层面来说，今年也是重新开始之年，希望书中总结的经营观点对各位读者有所助益，这也是我的无上荣幸。

松下幸之助
1978年6月

目 录

首先要明确经营理念　/001

一切皆在变化发展　/009

树立人类观　/013

正确认识使命　/018

遵守自然之理　/023

利润是报酬　/027

贯彻共存共荣　/036

相信社会正确　/042

相信自己一定会成功　/046

时刻谨记自主经营　/051

实行水库经营　/055

量力而行　/059

坚持专业化发展模式　/064

培养人才 / 068

集思广益 / 075

对立中保持和谐 / 079

经营是一种创造 / 085

适应时代变化 / 091

关心政治 / 094

培养素直之心 / 098

后　记 / 104

首先要明确经营理念

60年来，我一直参与公司经营，切身感受到经营理念的重要性。换句话说，经营者一定要有坚定不移的想法，心中清楚自己的公司"为什么存在、经营目的是什么、如何实现"。

在公司经营过程中，技术水平、营销能力、资金实力、人才队伍等要素都很重要，但最重要的一点则是正确的经营理念。只有理念正确，人才、技术、资金才能真正发挥作用。换句话说，经营理念越正确，公司腾飞越容易。

想让公司平稳健康地发展，首先要明确经营理念，这是我从60年的实践中摸索出的道理，是我的切身体会。

老实说，刚开始创业的时候，我也没有明确的经营理念。当时我和妻子、小舅子三个人也是为了谋生才白手起家创业的，起初对经营理念当然是一窍不通。当然，既然要做生意，自然会琢磨怎样才能成功。当时社会的常识，或者说商业上的共识是"产品必须好，业务必须精，顾客必须重视，供应商必须感恩"，当时的生意人大多朝着这个方向努力。

随着生意不断壮大，顾客也日益增多，这时我开始思考，只能按照这种方式按部就班地做生意吗？

在我看来，像这样按部就班地努力经营固然很重要，但是我们更应该考虑生产者的"使命"，也就是为什么要为这份事业努力。

很快我向员工公布了自己思考出的"使命",从那以后,这就成了公司经营的基本方针。

虽然那是1932年的事,但是正因为明确了经营理念,我个人的信念更加坚定。无论是对员工还是对客户,我都该说的说,该做的做,在公司的经营方面果决有力。而员工了解公司的经营理念之后也备受激励,心中充满使命感,工作起来劲头十足。一句话概括来说,有了明确的理念,整个公司都有了主心骨,发展速度也愈发惊人。

然而,不幸的是很快第二次世界大战爆发,战后满目疮痍,公司的经营也陷入困境。即便如此,生产者的使命感始终在困境中支撑着我,我从未忘记公司的经营理念。这一理念贯穿战争前后,从未改变分毫。在经营理念的指导下，尽管公司的具体业务不断改变，但是公司的使命坚如磐石。得益于始终如一的经营理念指导，松下公司才发展到了今天。

第二次世界大战之后，公司进军海外的机会增多。海外公司经营的基本理念和总公司基本相同。

当然，适用方式也好，具体的经营方法也罢，国家不同，这些内容也有所不同，但是贯穿始终的经营理念永远只有一个。这种经营方式后来逐渐被海外市场接受，取得了一定成绩。

这是我个人的经历，但我相信这个道理不仅适用于我，也适合所有公司的经营。

当今社会，企业规模有大有小，小到个体店铺，大到万人企业。通常提到经营，人们往往只会想到"企业经营"，但仔细想想，除了企业，每个人的人生、各种团体乃至国家的发展不都是经营吗？

对所有的经营来说，明确"为什么存在、经营目的是什么、如何实现"等基本想法，树立经营理念都很重要。

一个国家只有明确了发展方向这一"经营理念"，各行业、各阶层、每个人、每个组织、每个团体才能确定发展轨迹，发展才会更加强劲。国际关系也是如此，必须在坚定原则的基础上维护主张和观点，妥善协调推动发展。如果没有这样的"经营理念",国民的一举一动好比无根之萍,七零八碎,与其他国家交往也只能"见招拆招",被对方牵着鼻子走。因此,对于实现国家的稳定和发展,国家经营理念至关重要。

企业经营也是如此,有了正确的经营理念,企业才能健康发展。

在瞬息万变的社会形势下,企业的经营理念是准确妥善地应对各种问题的基本依据,也是团结广大员工,齐心协力、共谋发展的基础。

经营中不能只考虑单纯的利害关系,一味谋求扩张业务,必须优先明确作为企业根基的经营理念是否正确。经营理念必须扎根于正确的人生观、社会观、世界观,这样的理念才能准确无误。这就要求经营者树立正确的人生观、社会观、世界观，这一点十分重要。

进一步来看，正确的人生观、社会观和世界观应该符合真理，符合社会理法和自然之理。与之相悖，则不能称其为正确的人生观、社会观和世界观，从中产生的经营理念自然也将是欠妥的。

说到底，经营理念的出发点其实是社会理法和自然之理。形势不同，理念的运用也会变化，但它的本质永远不会改变。

就我个人的经验而言，理念必须立足于人类本质，顺应自然之理。这一点无论在过去、现在还是将来，无论在日本还是在其他国家都是放之四海而皆准的真理。

遵循自然之道、世间真理，秉持正确的人生观、社会观和世界观，确定经营理念，根据形势发展调整经营内容，对于做生意而言，这一点极其重要。

一切皆在变化发展

正确的经营理念不只是经营者个体的主观产物，其根源一定是自然之理和社会理法。那么什么是自然之理和社会理法呢？两者内涵深奥，即使穷尽人类智慧也难以厘清。如果一定要说明，我认为两者的本质其实是无穷无尽的变化发展。

从无限的过去到悠远的未来，自然与宇宙不断变化发展，人类社会、生活也在物质和精神两个维度上无限发展。

这种变化发展运行于宇宙和社会之中，构成了宇宙法则和社会理法，我们正是在这样的环境中发展事业的。我的经营理念正是建立在对此思考的基础上。

以资源枯竭为例，有极端的观点认为，地球

上的资源再过几十年就会耗尽，人类将无法继续生存。

我对这一观点不敢苟同。确实，仅从单项资源来看，其数量都十分有限，一直使用肯定会枯竭，但是依靠人类的智慧一定能创造或找到可替代的资源。事实上，回顾历史，人类正是这么一路走过来的。现代社会人口数量激增，而过去虽然人口稀少，生活却十分落后。在现代社会中，即使是普通百姓，过的都是过去王侯贵族无法企及的丰富生活。

这是符合自然之理的，大自然本就如此，它赋予人类这样的能力。换言之，作为自然之理和社会理法，无限的变化发展总是在严密精准地往复循环。

倘若几十年后资源枯竭，人类生活陷入贫困，人类到时自然会相应地削减事业规模，叫停没有必要的投资，根据情况缩小甚至关闭业务。

但是宇宙万物日新月异、无限变化发展，到时结果极有可能和上面的设想不同。每个时代的发展节奏不尽相同，只要人类的共同生活遵循变化发展规律，物资和服务的供给自然与时俱进，否则就会违背规律。经营者也需要不断开发、投资以满足需求。

变化发展的一面是新事物的产生，另一方面则是旧事物的衰落，甚至是消亡。两者的结合才是变化发展。对于企业发展来说，每种商品、每个行业发展的时间都有上限，不能"只见树木而不见森林"。

人类的共同生活、我们所处的自然和宇宙都在不停地变化发展，我们一定要不断提醒自己，自己的业务正是存在于这样的环境之中。只有明确认识这一点，才能在任何情况下都保证经营强劲有力。

树立人类观

企业经营的主体是人。经营的重要一环——"经营者"是人，企业员工、客户也是人，经营的所有环节都是人。可以说，经营是人人相依、为了人类幸福而开展的活动。

为了保证经营的合理性，经营者需要准确把握人是什么，人的特性是什么。换句话说，经营者必须树立人类观，正确的经营理念必须立足于人类观。其实不仅企业经营如此，人生的经营、国家的经营等一切经营活动都必须遵循这一规律。

如果不了解人，活动将偏离正常轨道。打个比方说，人类饲养牛马等动物，为了妥善照顾它们，首先必须准确了解牛马的特性。只有知道每种动物分别喜欢吃什么、具有哪些习性等，才能给动物最好的照顾。

人也有与生俱来的天性。当然,人类不需要被饲养,依靠自己的双手来打造共同生活。为了以良好方式维持并提高人类共同生活的品质,必须正确把握人的本质,也就是要树立正确的人类观。

我自己的经营理念就源于这种人类观。用一句话概括我的人类观,就是"人类伟大而崇高,是万物王者"。遵循变化发展的自然规律,发挥本我特长,灵活使用万物,人类就能够让我们的共同生活一直发展下去,世间唯有人类具有这种天赐的本质。

过去,人们对于"什么是人"有多种看法。有人认为人类是"万物灵长",坚强而伟大,也有人贬低人类的价值，现实投射出不同的人类形态。人类创造了高度进化的文明和文化，同时也制造了众多烦恼、纷争和不幸，这一点从未改变。

在西欧，人被看作是介于神与动物中间的存在。人既有宛如神灵一般高超的一面，也有不如动物的不足的一面。

我从不否认人在现实中的各种样态。人心亦佛亦魔，综合审视人类的多面性，才会明白万物王者的伟大本质。

"万物王者"这样的表达可能略显傲慢。但我心中的王者一方面拥有支配、利用一切的权力，同时也负有义不容辞的责任，以仁慈和公正之心对待万物。"人是王者"，但绝不表示人可以单纯顺着自己的欲望和感情任意支配万物。

重要的是，人类自身要意识到上天赋予的伟大能力和与之相伴的王者责任，并将其付诸实践。这样人类将逐渐摆脱不幸、烦恼、纷争、贫困的状态，伟大崇高的本质也会逐渐凸显。

如果互换立场或工作，结果会怎样呢？

经营者是经营机构的"王者"。他有权调配人、物和资金，但同时也有义务给予人、物、资金以及爱心、公正和关怀，这样才能有效地调配资源，推动经营机构持续发展。

如果经营者对于自己作为王者的权限和职责缺乏认识，经营将无法"开花结果"。

人类遵循变化发展的自然法则,被赋予推动人类自身和万物共同生活的权力和责任,成为万物王者。经营者应当树立正确的人类观,在坚定信念的基础上,强有力地引领企业前进发展。

正确认识使命

无限的变化发展既是自然之理,也是社会理法。换个角度来看,这说明人人都在追求无限的变化发展。

衣、食、住、行……人类渴望拥有物质、精神两方面都丰富而舒适的生活,这是人之常态。当然不同的人,不同的时代,人们追求的具体内容有所不同,但人类对美好生活的向往是一样的。

我们开展业务进行经营的根本作用,或者说使命就是满足人们这种对于提高生活和文化的需求。举例来说,尽管人们想住上舒适的房子,但如果没有房地产公司建房盖楼,也无法得偿所愿。不仅如此,建筑相关的各种材料的生产和供给也不可或缺,通过业务和经营的"穿针引线",生产和供给环节被连接起来。

包括住宅、各种生活物资，甚至服务、信息等无形产品在内，企业的根本使命就是开发有助于提高人们生活水平的优质产品，保证以合理价格稳定供应。这就是企业存在的意义。

尽管不同业务提供的物资和服务有所不同，但这些业务均为提高人们的共同生活水平作出贡献，这一点是相通的。忘记这一根本使命，事业就不可能做强做大。

有观点认为企业的目的就是追求利润。对于利润的观点，我将在后面部分谈到，这里不再赘述，可以肯定的一点是，利润确实是企业健康发展不可或缺的重要组成要素。

但是要说利润是企业经营的终极目的，我并不敢苟同。企业的根本在于通过事业发展提高人类共同生活水平，而为了更好完成这一根本使命，利益至关重要，这一点不能忽视。

从这个意义上说，业务经营本质上不是私事，而是公事，企业是社会公器。

当然，从形式上来看，法律层面上，私企中确实包括个人企业，但是个人企业的业务都与社会息息相关，是国之公器。

所以，哪怕是个人企业，也不能根据个人立场和情况来判断企业形式。应当综合考量考虑企业行为对人类共同生活的影响、影响的正负面意义再来思考、判断。

我经常扪心自问，自己公司的活动是否对社会和人类有益。"如果公司消失了，会对社会带来负面影响吗？如果没有影响，这说明企业对社会发展可有可无，那还是解散比较好。当然解散企业对员工和相关人士会有影响，这也无可奈何。作为一个拥有多名员工的公共生产实体，只有对社会有正面意义，企业的存在才有价值。"我不仅这样认为，一有机会也向员工宣传这种思想。

实际中，没有为提高人类共同生活水平作出贡献、未曾作为社会公器经营事业的企业即使创造了成果，这种成果也毫无价值。只有在现实中履行使命，企业的存在才有价值。

这就是"企业的社会责任"，随着社会的变化，这种责任的内涵也不断更新,但是无论什么时代,企业的基本社会责任都是通过事业发展为提高人类共同生活作贡献。

一言以蔽之,基于正确的使命观来开展业务极其重要。

遵守自然之理

经营不易。经营过程中各种问题层出不穷,很多事情需要妥善处理。需要考虑的问题、应当完成的工作……要想做到事事完美,简直是天方夜谭。当然,事情因人而异,也有人认为经营十分容易。这么说的原因大概率是行业发展顺风顺水。

常常有人问我经营的秘诀,一般我会回答:"没有什么特别的,非要说出一二三四的话,大概是我遵照天地自然理法行事吧。"

"遵照天地自然之理经营",这句话听起来十分深奥,用通俗易懂的话来说,就是"下雨就打伞"。下雨天要打伞,这是尽人皆知、人人在做的事,不打伞就会被浇成落汤鸡,这是理所当然的常识。

我的经营方式和思路就是做当做之事。下雨了就打伞，这一点谁都明白，但一旦做起生意或经营公司，有些人反而不懂这个道理了。

举个简单的例子，原价100日元的商品常常标价110日元出售。100日元的产品如果还卖100日元，利润空间为零，生意就做不成了。所以，原价100日元的商品需要标价110日元。在一些情况下，如果社会接受120日元的售价，认为这是合理的价格，那么卖120日元也无可厚非。这就是顺应天地自然之理的经营方式。

但是进一步来看，产品不是只要卖出去就结束了，售出的产品也必须回款，这一点毋庸置疑。

所谓的"顺应天地自然之理"就是做当做之事，穷尽个人之力至极致。只有做到这一点，经营才能顺利。从这一层面来说，经营确实很简单。

生产优质产品，集中精力进行销售，赚取合理利润，严格保证回款，做到这几点，企业就能开门大吉。但是实际经营中，很多情况下经营者却身不由己。产品好坏先不提，很多时候为了宣传找尽噱头，100日元的东西也无奈只能标价90日元。自己吃亏不说，别人也感觉很困扰。

还有定价合理却不能及时回款的情况。东西再畅销，没有款项入账，公司账面上赢利，实际却资金短缺，甚至破产，这样的例子并不少见。简而言之，这些都是应做却未做的，是违背天地自然之理的做法，直接导致企业失败。

就我自己而言，做当做之事，远离非法勾当，这是我长久以来的准则。人非圣贤，有时我也会判断失误，该做的事没做，不该做的事反而做了。但是心态方面，我始终督促自己努力做到这一点。

无限的变化发展就是自然之理。遵循自然规律，自然就会走上正确的道路。只凭一点小聪明行事，很容易违背自然之理，走上失败的不归路。开动脑筋、发挥才智很重要，但最根本的还是要遵循超乎人类智慧的天地之理进行经营。

利润是报酬

谈到企业利润,不少人会闻"利"色变。其实这种想法并不正确。诚然,把追求利润奉为企业的无上宗旨,忽略企业的使命,为了达成目的不择手段,这种做法是不可取的。

但是,通过事业发展为社会作出贡献的使命和获取合理利润并不冲突。相反,作为完成其使命、为社会作出贡献的报酬,社会应当给予企业合理利润。

消费者以某一价格购买商品,是因为他们认可商品的价值高于售价。比如售价100日元的产品价值应当是110日元,甚至是120日元,所以消费者才愿意支付100日元,如果产品的价值只有80或90日元,除非情况特殊,正常无人会问津这种产品。

相反，从供给方角度来看，价值为110日元，甚至120日元的商品却只卖100日元，这完全是一种奉献，作为奉献的报酬，自己理应获得一定利润。

企业付出了各种努力，以90日元的成本作出了价值120日元的商品，然后以100日元的价格卖给消费者，因为它付出了努力和贡献，完全有资格从买方那里获得10日元的利润。理论上，企业提供的物资、服务中包含的努力越多，对消费者和社会的贡献就越大，获得的报酬也应该越多。不可否认，社会上确实存在与服务、努力不匹配的"暴利"奸商，这只是个例，从本质上讲，利润就是企业因完成使命而得到的报酬。因此也可以这样看，那些不赚钱的生意对社会的贡献相对较少，也没能完成自身的使命。

换个角度来看，没有利润的经营与企业肩负的社会责任也是背道而驰的。企业通过自身业务的发展履行贡献社会的使命，合理的利润对于企业维持发展至关重要。只要稍微了解点企业利润的用途，这个道理其实很容易理解。

当今社会，企业一半左右的利润以法人税和各种地方税的形式被上缴国家或地方自治体。从金额来看，法人税约占国家税收总额的三分之一。在扣除税金后剩下的部分中，至少 20%~30% 需要用于股东分红，并且需要扣税。就算平均税率为 50%，利润也只剩下了 10%~15%。整体来看，企业将近 70% 的利润被以税收形式上缴了。只有使用这些税款，国家、地方自治体[1]才能落实教育、福利政策，完善、扩充各种社会设施。

如果没有利润、所有企业都不赢利会怎样呢？答案是国家和地方自治体的税收会不断减少，最终全体国民都将陷入困境。

现实中，一旦经济衰退，不少企业出现赤字，利润大幅减少，中央政府和地方自治体财政也会陷入赤字，各种问题也接踵而来，相信很多人对此都有直观感受。相反，如果所有企业赢利情况良好，在一些情况下，即使降低税率，政府财政也可以保

---

[1] 也称"地方公共团体""地方自治团体"等，是普通地方公共团体和特别地方公共团体的统称。可粗略理解为日本的地方政府。——编者注

持稳定，国民福利和各种社会设施水平也会提高。

这些例子都证明了企业利润的重要性。无论社会形势如何，一方面，企业要脚踏实地地努力，践行自身使命，另一方面也要努力从企业活动中获取合理利润，以纳税的方式回馈国家和社会，这是企业承担的重大责任。

一般来说，人们往往倾向于同情出现赤字的一方。这是人之常情，很好理解，但换个角度来想，这种行为有着怪异之处。既然获得合理利润并回馈国家社会是企业的社会性义务，出现赤字就说明企业没有切实履行义务，这是不应该发生的情况。同情是性情使然，但我们必须清楚地认识到，企业亏损完全是企业没有履行社会责任的表现。

利润回馈给国家和社会的同时，扣除税款后20%~30%的部分还要以分红的形式回馈股东。当今社会，企业股票大多由普通股东持有。

有的企业股东有数十万人之多。现代社会的企业特征就是吸引大量民众资本发展业务。

以适当方式回馈给股东分红，这是企业肩负的另一重大社会责任。

如果企业业绩不稳定，分红减少甚至没有分红的话，股东就无法安心持有该企业的股票。如果有股东需要把分红作为生活资金的话，减少分红或没有分红就是生死攸关的问题了。这从另一个角度佐证了企业获得合理利润的必要性。

此外还有一个重要的原因。

这就是企业要想为人类共同生活的无限变化发展作出贡献，自身就必须不断变化发展。换句话说，企业必须不断创新研发，进行设备投资，搭建足以满足人们不断增加的需求的发展框架。

但是开发和投资都需要资金。如何筹措资金呢？如果是政府，完全可以按需征收税金，但是民营企业没有这样的途径，只能自己想办法筹钱，将利润储蓄起来。

利润的一半以上作为税款上缴，剩下的20%~30%用作股东分红，可以储蓄的只是剩下的20%左右。也就是说，以制造业为例，即使利润超过10亿日元，用于储蓄的利润只有2亿日元左右。以利润率为 10% 进行推算，10 亿日元利润需要销售额达到 100 亿日元。换句话说，销售额虽有 100 亿日元之多，但是为了完成使命，企业用于研发和新设备投资的钱不超过 2 亿日元。这是必要且最低的金额，如果连这种程度的利润都无法保证，企业的变化发展只会举步维艰。

基于以上种种，我一直把 10% 的利润率作为合理利润的底线进行经营部署。当然，行业不同、企业自身的发展阶段不同，合理利润的标准也有所不同。无论行业如何，我们必须从国家税金、股东分红、企业完成使命所需的储蓄这三个角度综合确定合理的利润率，保证企业的合理利润更是企业肩负的重大责任。

此外，政府、普通民众理解利润的意义也十分重要。

一些地区的政府、地方自治体将企业追求利润视为违背国民福祉的恶性行为，决策频频失误，导致企业利润锐减，税收减额，最终使政府、地方自治体陷入两难境地，民众的福祉也因此受到影响。

过度的利润确实是暴利，合理的利润却是促进企业自身发展、推动社会和国民福祉发展的重要保障，希望企业经营者、政府和广大民众都可以认识到这一点。

贯彻共存共荣

企业是社会公器，必须与社会共同发展。对企业来说，业务拓展固然重要，但比起一家独大，更重要的是通过企业活动，带动整个社会繁荣向上。"独乐乐"虽然一时获利，但这种情况不会长久。相反，"众乐乐"，也就是所谓的"共存共荣"才会带动社会真正发展和繁荣，这是自然之理、社会之法。无论是自然还是人类社会，共存共荣都是不变的法则。

企业的业务发展和很多方面息息相关。企业必须与供应商、客户、消费者、投资的股东、银行，甚至地域社会相关人士保持良好关系，才能维系企业经营。决不能牺牲对方只为谋求自己的发展，这样最终只会害人害己。必须考虑各方的共存共荣，这是企业长久发展的唯一道路。

举例来说，为了满足消费者的要求，企业计划降低产品成本，这时一般会向供应商提出降价的要求。这种做法无可厚非，但是绝不是一句"降价"就大事完成。降价也要对方公司可以正常运营，提出要求前必须考虑对方的合理利润空间。

我自己时刻谨记这一原则，并且付诸行动。要求供应商降价可以，对方因此亏本就万万不可以了。对方如果没有降价余地，可以去实地参观，共同探讨工艺改良方案。降价也需要有合理的利润空间，这样对方乐于降价，双方皆大欢喜。

面对供应商，重要的是确保对方的合理利润。而面对销售者，则要善于向对方学习，合理获益。面对消费者，更重要的是制定合理的商品销售政策，吸引顾客以合理消费。获得合理利润的同时，企业应当与各方共存共荣。

还有一点不能忘记，那就是要及时回款。客户说稍微等等再付款，如果我们同意了，乍一看感觉是为对方着想，结果往往导致客户过于安心，支付越来越拖拉，最终影响企业经营，更有甚者可能会导致整个行业、整个社会陷入不良风气。相反，如果我们要求及时回款，客户为了保证顺利支付，对本公司的款项也更加上心，公司经营自然脚踏实地，行业和社会发展也更加健全，这就是共存共荣的重要之处。

无论何种原因，共存共荣都是充分考虑对方立场、利益的重要途径。优先考虑对方的利益，这可能不太容易，但至少可以在发展中将对方的利益纳入考虑，这才是实现对方好、自己好的双赢手段。

其实同行之间很难共存共荣。同行间的激烈竞争有目共睹，正因为如此，行业往往会出现过度竞争的情况。

竞争本身是好事。有了竞争，各方才能开动脑筋，努力在竞争中立于不败之地，这样产品质量会提高，成本进一步优化。众所周知，没有竞争就没有物美价廉的优质商品。

竞争之下企业大有可为，竞争对企业来说必不可少，但是过度竞争的坏处众多。过度竞争下合理利润无法保障，极端情况下，有些公司甚至会亏本压低价格，只为在竞争中获胜。

企业无法保障合理利润，过度竞争持续发酵，整个行业就会陷入疲软，甚至不少公司会倒闭。一般来说，中小企业资金有限，资本雄厚的企业才能笑到最后，这就导致"资本横行"。缺乏经营能力的中小企业倒闭，这自然无可厚非，但是在过度竞争的环境中，一些善于经营、在适度竞争环境下原本能获利和走下去的企业，一旦离开资本，将面临倒闭。

过度竞争下，善于经营的公司被迫破产，行业陷入混乱，社会也会饱受其害。此外，企业没有了合理利润，国家税收就无法增加，结果国家、社会都受到影响，可谓"有百害而无一利"。

适度竞争是好的，超出限度的竞争却充满"罪恶"，必须将其控制在萌芽中。越是资本雄厚的行业龙头企业越要警惕过度竞争，因为即使有些小企业过度竞争，只要龙头企业坚持正当竞争的原则，行业也不会出现混乱。

在国际社会中，小国之间因为过度竞争发动战争，只要大国不卷入其中，站在公正的立场上担任调停者，战争也只会停留在局部区域，不久就会平息。同理，如果龙头企业参与过度竞争，对业界的打击犹如"世界大战"，整个行业将严重疲软，企业信誉大打折扣。

这个道理做起来很难，希望大家时刻谨记并践行共存共荣的理念。企业越大，承担的责任也越大。

相信社会正确

企业活动的形式多种多样，直接或间接以社会大众为对象。对企业经营来说，如何看待大众所想所为至关重要。

如果企业认为社会不可信任，经营就会朝着这一方向发展；相反，如果认为社会是正确的，那么企业就会按照社会的需求开展经营。

在这一问题上，我相信，基本上社会像神灵那般正确，并始终在此认知基础上经营企业。

当然，从个体角度来看，人各有不同，想法和判断不可能全部正确。在所谓的时势导向之下，舆论有时也会暂时朝着错误的方向发展。但是，从长远来看，尽管存在个别的或短期的错误，社会大众作出的判断是正确的。

所以，如果我们的经营方式有错，就会被社会谴责和排斥。经营如果得当，社会就会接受。

这种想法给人强大的安心感。如果社会的判断随意无序、世人对错不分的话，企业又该怎么办呢？

假设这种情况真实存在，那么无论我们如何努力合理经营，也无法得到社会认可，最终只能空付一腔努力。

社会上有各种各样的人，既然是人，判断就不可能一直正确。只关注个体的错误，很容易误解社会导向。在此基础上去判断经营，整个人就会非常不安，劳心而伤神。

但是如果相信社会的正确性，我们只要思考

"什么是正确的",付出努力去用心经营,迟早会获得社会认可。相信社会,不要犹豫,做该做的事,结果自有公道。

没有比这更令人心安的事了,这样的想法令人宛如走在平坦大道上那样心情愉悦。

自然和社会的法则是无限变化发展,而社会是由大众构成的。大众所追求的事物基本不会偏离轨道。

立足于此,经营者只要思考"什么是正确的",坚持做自己认为正确的事情,一般都可以被社会接受。从我个人的实际体验来看,社会是明辨是非的。

话虽如此,有时也会出现偏差、误解。出现问题后必须及时消除误解。为了避免这种情况发生,重要的是帮助社会了解企业理念、业绩、产品等正确信息，宣传活动、宣传广告等正是因此目的而存在的。

进行宣传，应注意不要夸大其词，过度宣传自己。骗得了一时，骗不了一世，一旦被识破，企业信用将一落千丈。

林肯说："你可以暂时欺骗所有的人，你甚至可以永远欺骗一部分人，但你不能永远欺骗所有的人。"其实经营何尝不是如此呢？一定要目光长远，展示最真实的企业形象。

事业发展的正确之路就是社会认为正确、广泛接受的道路。

相信自己一定会成功

履行使命、为社会作贡献的前提是企业自身发展稳定。如果业绩不稳定，不仅无法完成使命，甚至会影响对社会的利益反哺、给股东的分红、员工生活等，给社会带来负面影响。

所以无论形势如何，企业都必须确保稳定的成果输出。在我看来，只要理念和做法正确，企业的经营一定会有长远发展，这是原则问题。

自古就有"胜败乃时运""胜败乃兵家常事"的说法，人们也认为这是再自然不过的事情。有观点认为，经营也是一样，有时顺利，有时遇阻，利润有上升也有下降，这是正常现象。确实，企业的经营和经济景气程度息息相关，甚至还有运气因素，受此影响，盈利或亏损都在所难免。

但是在我看来，企业的经营基本不会被外部形势左右，没有所谓的顺不顺利，任何时候都应当顺利，甚至是"百战百胜"。当然，我并不否定"运气"的作用。甚至，我认为运气以看不见的形式发挥着重要作用。

对于公司的经营，我一般这样考量：事业发展顺利，这主要是"运气好"；业务发展受阻，原因则在于自己。也就是说，成功全是运气好，失败都是自己的错。

事情发展顺利时，一想到成功归功于自己，人难免会骄傲自满，很容易出现失误。实际上，虽说事业取得了成功，但那只是一个结果，过程中可能经历了无数次小失败。一步之差，这些小失败就可能导致巨大的失败。人一旦产生骄傲自满的情绪，就容易被遮蔽双目，看不到这些失败。但是如果把成功归结于"运气好"，人自然就会认真反思这些失败。

失败的时候，如果只把原因算在"运气不好"的头上，失败的经历就无法发挥作用。相反，如果认识到自己的做法存在问题，并且深刻反省，同样的错误就不会再发生，真正达到"失败是成功之母"的效果。

"失败在于自己"，坚持这种想法可以避免各种诱发失败的要素，降低失败概率，无论形势如何，企业经营都会顺风顺水。当然，如果经济不景气，行业整体业绩下滑，企业利润大多跌入低位水平，但是不是所有企业的业绩都会恶化呢？答案是否定的。

不景气之中，总有一些企业的业绩在稳步发展。即使行业日薄西山，其他同行面临亏损，某些企业却依然可以赢利，这种企业的的确确存在于现实之中。

一般人们会认为，经济大环境不景气，利润增长遇阻也是无可奈何。但是现实总有企业逆风起飞，盈利业绩双重增长，其实这与企业的发展方式密切相关。

这些企业往往不在经济萧条的外因中分析业绩为何变坏，而是主动在内因的经营方式中挖掘原因。经营方法多种多样，只要方法得当，企业自然成功。萧条也好，景气也罢，心中有路，前方定是坦途。

与繁荣时期不同，无论经营、产品、消费者还是社会，萧条时都在进行激烈的优胜劣汰，留下来的只有优质产品。对于善于经营的企业来说，经济越是萧条，发展越是面临机遇。"景气好，萧条也好"。

为了实现目标，企业平时就要贯彻"失败在我"的想法，严格反思经营，履行应尽的义务。只要不是出现重大变故，这种企业无论在什么情况下都会蓬勃发展，切实履行企业使命和社会责任。

时刻谨记自主经营

经营方式种类繁多，有一点我们要时刻谨记：凭借自身实力自主经营。以自身实力为中心，自主完成资金筹措、技术研发、企业经营等环节。

第二次世界大战后，日本经济腾飞，不少企业都取得了长足发展，很多方面追平甚至赶超欧美国家。但是从发展过程来看，这种发展相当程度上依赖于他国。用通俗易懂的说法来讲，企业的大部分资金都依靠借款，技术大多引进或直接使用欧美的。

究其原因，这与日本企业当时所处的时代背景密不可分。战后日本满面疮痍，从身无一物到迅速复兴国民生活、重建各类企业，如果没有"他力"，就不会有今时今日的日本经济，日本国民生活水平只会一路走低。

我们不否定或排斥"他力",但一定要实现自力更生、自主经营。借助他人力量必不可少,效率也更高。但一味依赖他人,不知不觉中就会沉溺于舒适感中无法自拔,最终一事无成。尤其是特殊行业,依赖他力越多,就越容易被外部形势影响。举例来说,来自其他国家的资金,也就是贷款越多,利率一旦提升,公司业绩下滑得越厉害。这种企业无法成长为脚踏实地发展的优质企业,"景气好,萧条也好",只能是天方夜谭。

资金方面,原则上应以企业的自有资本为中心。通常日本企业的资本积累低于欧美企业,自有资本比率较低。这有战后日本特殊国情的原因,即便如此,也有一些企业不断积累内部资金,自有资本率并不亚于欧美企业。越是这样的企业,在经济不景气的情况下越能保持业绩增长。

为了提高企业的自有资金率,政府应当完善税收制度,加强票据管制。更重要的是企业要有这种意识,公众也要了解企业"合理利润空间"的重要性。

技术方面也是如此。过去我们大量引进国外先进的技术,今后这种引进也很重要,但更重要的是研发自主技术,甚至将技术出口到其他国家。

此外,研发者不应当垄断技术专利,我认为所有的技术都应该以合适的价格公开。从宏观角度来看,这种做法可以节省两次、三次甚至更多次的研发投入，推动社会整体技术进步。

当然，即使有一天实现了技术公开化，企业也要有自主研发的意识，这是企业发展的关键。

所谓的"自主经营"要求企业依靠自己的实力全面经营。在此基础上，借助必要的外部力量，推动企业大步向前发展。自主发展可以提升企业外部信誉，越来越多的外部资本也会找上门来。个中道理十分玄妙，也是社会的真实写照。

实行水库经营

企业经营以实现企业的持续稳健发展为原则，如果做得好的话，这是可以实现的。实施水库经营有助于企业实现这一经营原则。

大家都知道，水库通过拦截河流、蓄洪、泄洪保证人们总能用到水，而不必受季节、天气等因素影响。

所谓"水库经营"是指企业在经营的方方面面设置"水库"，即使外部形势发生变化，也能保证企业受到的影响最小，使企业得以持续稳定地发展。设备水库、资金水库、人员水库、库存水库、技术水库、企划和产品开发水库等，各个方面都可以设置水库，换句话说，"水库经营"就是企业从容而有余裕地经营。

以设备为例，虽然开机率未达到100%，但是企业未必就会亏损，80%~90%的开机率也可以赢利。常年将开机率保持在这种程度，即使需求突然增加，也能快速响应，及时提高产量，因为设备是充足的。

资金方面，假设事业发展需要10亿日元，如果手头只准备10亿日元，一旦出现10亿日元不够用的意外情况，局面会十分棘手。所以，虽然算起来只需要10亿日元，最好还是准备11亿，或12亿日元，这就是所谓的"资金水库"。

此外，企业还要保证适当的库存，应对需求激增。产品研发方面也是如此，要预留一些新产品的创意。

在各个环节设置"经营水库",即使外部情况有所改变,就像丰水期泄洪、枯水期蓄洪一样,水库可以迅速且妥善地应对危机,保证企业一直持续稳定地经营。

必须注意的是,"设备水库""库存水库"和所谓的"过剩设备""过剩库存"有所区别。

有的企业盲目自信"可以卖出去",不断扩大设备投资,结果产品饱和滞销,库存高位运行,最后设备只能闲置。这种做法并不是"水库经营",只是对市场判断有误,多余的产力并不符合预期。我所说的"经营水库"是基于"必要"且准确的判断而预留的 10%~20% 的富余空间。

也就是说,单纯的过剩设备、过剩库存是经营的浪费,"水库经营"看起来像是浪费,实际却是保障经营稳定发展的保险,意义重大。除了各个环节的"经营水库","心灵水库"也很重要,经营者应当拥有"水库意识"。

贯彻水库经营,不同的企业根据自身情况创建各种具体的"水库",这样有助于打造持续、稳定发展的企业。

量力而行

经营由人来完成。虽说每个人的个人能力、经营水平各有不同,但是无论如何,人的能力有一定限度,不可能像神一样全知全能。

正因为如此,在事业发展的过程中,我们有必要将这种局限性纳入考虑,在此基础上经营、发展事业。如果事业超出自己的能力范畴,甚至超越公司上限,就很可能以失败告终。如此一来,企业不仅难以实现自身使命,还会对社会产生负面影响。因时制宜,在力所能及的范围内开展经营,贡献社会,这才是合理的经营之道。

拓展业务、扩大公司规模时,首先要准确了解公司的技术、资金、销售情况等企业综合实力,在力所能及的范围内量力而行。对经营者来说,正确认识包括自己在内的公司管理层的经营实力至关重要。

在多年的事业经营过程中,我见过很多客户。其中不乏一些开始时明明非常顺利,随着业务扩大却迟迟没有成果的企业。这时最好的办法是下定决心将公司一分为二,原来的经营者负责一半,寻找合适的人选掌管另一半,这样大概率两家公司的发展都会顺利。

出现上述问题的原因在于经营者的经营能力。有的经营者管理50个人没有问题,但是员工增加到100人之后,其能力与规模无法匹配,导致公司原地踏步。但是如果把公司一分为二,其能力完全可以掌控半个公司的业务,公司发展自然再次步入正轨。

当然在很多情况下，公司的拆分并不可行。这时的解决方案是继续保持公司原有组织结构，下放部门负责权力，允许各部门像独立机构一样开展业务，这也是一种解决方案。

松下采取的就是这种"事业部制"。新兴业务层出不穷，单凭我一个人很难面面俱到，所以我为每项业务选择了合适人选，从制造到销售，将经营权力全权委托给部门负责人。结果公司整体综合经营能力全面提高，通过这种形式，企业员工数量、业务范围实现了快速增长。

经营的形式多种多样，结合实际，在经营能力范围内以独立公司身份运营，逐步扩大业务范畴是最佳选择，当然以下问题也不容忽视。

这就是部门规模问题。每个人的经营能力都不一样，而且力量也在变化，经营者不能思维僵化，而要根据实际情况不断调整。实际中，能领导万人级企业的管理者犹如凤毛麟角，但是能管理千人的人才很多。

即使公司规模庞大，比起万人规模，千名员工更好管理，错误更少、更加脚踏实地。当然凡事不能一概而论，千人的标准只是参考，公司要有统一的标准，才更容易找到合适人选，推动事业不断发展、节节攀升。

经营者应正确掌握公司干部的经营能力，充分衡量公司在资金、技术、销售等方面的综合实力，在实力允许的范围内开展经营。换句话讲，就是凡事应量力而行，不勉强，不蛮干。这是我一直遵循的经营原则，不管在什么情况下，这一点都非常重要。

这种量力而行、独立自主扩大经营的做法好比"龟兔赛跑"。乌龟跑得很慢，但步伐极其稳健，不会随意停留，更不会后退。虽然起步很慢，但有朝一日回过神时，可能已经超越兔子遥遥领先了，这才是成功发展的最佳途径。

坚持专业化发展模式

企业的经营方式多种多样，既有综合化模式，也有专业化模式。相比前者，我更倾向于后者。当然，这只是"原则上"的选择，并不是完全否定综合化模式，只是通常专业化模式的成果更加丰富而已。在经营实力、技术水平、资金允许的范围内，如何实现企业产出最大化呢？相比分散资源、各自为政，集中力量的模式更容易产出成果。

企业经营常常面临白热化竞争。把有限的力量分散到几项不同工作很难取胜，相反，即使力量不占优势，但是举全公司之力投入一项工作，就很容易创造出不输给他人的成果。

实际上，全球有不少袖珍企业，凭借坚持专业的初心，在各自专业领域中取得了超过大型综合企业的成就,生产的优质产品叱咤全球。

时下不少企业看好综合化模式,认为只要增加部门数量,即使某个部门业绩不佳,其他部门的成果也可以"掩盖"不足,保证公司整体稳定发展。这种做法是对是错暂且不论,但是公司一旦陷入"一个部门不好,其他部门顶上"的舒适圈,后果可能无法想象。更何况综合化模式的成果是不是一定大于专业化模式,这本身还是个有待明确的问题。

就我个人而言,更倾向于将公司的经营、技术、资金等力量全部集中在一项工作上,以成为业界龙头为目标。为了实现目标,根据情况需要,同步推进的多项工作可以随时取舍,以便专心完成主要目标。

话虽如此,受社会需求的影响,实际经营时人们更希望可以同时保留两项工作。一项工作还未完成,新工作层出不穷,虽然同时推进多项工作并不矛盾,但要以专业、独立的态度审视每项工作,以专业的态度对待经营,每个部门必须具有在各自专业领域不输给任何对手的信心。一项工作不顺利,就用另一项工作来"遮羞",这种想法要不得,必须努力在各个领域作为独立经营体取得成果。

为了做到这一点,尽管公司是综合经营的整体,可以在内容上进行细分,犹如多家专业独立公司组成的综合"航母"一样乘风远航。

不可否认，综合企业的各项业务往往无法超越专业公司，经营者必须在思想上和实际经营中增强独立意识，充分发挥部门作为经营主体的作用。

培养人才

俗话说得好："事在人为"，这是亘古不变的真理。无论业务如何，没有合适的人才，企业就难以发展。即使企业历史悠久，成绩斐然，如果没有合适的人才继承传统，也会日渐衰退。

经营的组织和手法很重要，但经营的主体是人，即使组织结构已经相当完善，也要有引进新方法改进的意识，没有人才的企业宛如无根之萍，无从谈及成果和使命。企业能否为社会作出贡献、能否实现自身蓬勃发展的关键都在于人。

在事业发展的过程中，首先要寻找并培养合适的人才。

创业初期，我常跟员工说："拜访客户时，如果对方问起'你们公司生产什么'，请告诉对方：'松下电器最大的任务是生产优秀人才。电器是我们生产的产品，但在产品之前，我们优先生产人才。'"

生产优质产品是企业的使命，正因为如此，企业必须优先"生产"担负使命的人才。有了人，好东西自然可以造出来。当然上文的话或多或少有些年轻气盛，但在几十年的经营中，不管有没有说出来，我始终在心里贯彻这一理念。

培养人才的方法多种多样。最重要的一点是要牢牢把握"企业为什么存在、应该如何经营"的基本理念。换句话说，企业要拥有正确的经营理念和使命观。

在明确的经营理念和使命观的指引下，经营者能有效履行管理监督者的职责，推行强有力的指导；员工能明辨是非，迅速成长。相反，如果没有明确的经营理念和使命观，经营者容易受外界环境或自身情绪的影响，从而对部下的指导缺乏统一性。这样很难培养出人才。因此，经营者如果想网罗优秀人才，首先要有坚定的经营理念和使命观，这是先决条件。其次，经营者还要经常跟员工谈论经营理念和使命观，使其深入人心。

经营理念如果只停留在文字上不会产生任何影响，理念只有融入每个人的思想才能发挥作用，这就需要经营者一有机会就要不断反复地强调它。此外，这种强调不是口头上说说就算了，经营者应该在实际的日常工作中贯彻落实，该说的要说，该纠正的要纠正。

从人情世故的角度来看，反复提醒或指责别人并不是好事，需要尽量避免。但是企业是以贡献社会为使命的公器，工作是公事而不是私事。从公事的角度出发，看不过去、无法容忍的事情就应当提意见、说想法。这不是个人感情使然，完全是出于使命感的提醒和批评。批评越严厉，对方越能快速觉醒和成长。

我们一定要清楚，什么都不说、错了也不骂，这样做看似对部下宽容，经营者和上司也省事，但无法培养出真正的人才。

此外，果断将工作交给部下，允许部下在责任和权限范围内最大限度发挥主观能动性也很重要。

培养人才，归根到底培养的是通晓经营之道、以经营直觉果断处理业务的人才。培养人才过程中,不是什么鸡毛蒜皮的小事都交给部下,这样培养的只是听话的部下。一定要下定决心,将工作完全交给部下,只有这样,部下才会自己独立思考,充分发挥自身能力,实现快速成长。

松下的事业部制就是这种理念的制度体现,我从切身经验中感受到这种培养方式的优点。部门是独立的经营实体,在每项工作,甚至可以说所有工作中,我都会践行这种理念,这就是我的经营风格。

当然,工作虽然全权交给了部下,但基本方针必须牢牢掌握在经营者的手中,国不能无法、家不能无规,委托要有一定底线。

对于公司而言，基本原则和经营理念极其重要。每个人在经营理念前提下自主完成工作，这才是理念实现的最佳途径。

当然，值得注意的是，人才的培养不能只看重工作能力和技术水平。本领和技能固然重要，员工必须具备过硬的专业技能，但同时还要拥有端正的人品。

工作能力虽然出色，但作为社会人士却存在种种问题，这并不是当今社会中意的员工形象。各家企业也好，政府机构也罢，伴随着国际活动的增加，更要重视这一点。

原本员工的素质和教养塑造主要依靠家庭或学校，现代社会中，企业发挥的作用越来越受到关注，今后还会继续变大。所以在培养人才的时候，无论是职场人士还是社会民众，都要时刻将对优秀人格的培养放在心上。

集思广益

集思广益、全员经营，这是我作为经营者始终贯彻、始终执行的方针。可以说，越多的集体智慧被运用于经营，公司的发展就越迅速。

我个人倾向于集体智慧的主要原因是自己没有什么学识，无论做什么，总会主动和员工商量，倾听集体的声音再行动，也可以说我是迫于需要才这样做的。

在我看来，即使经营者本人学富五车、通晓业务，也需要"集思广益"，否则就不会取得真正的成功。换句话说，无论多么优秀，人之为人，不可能像神一样全知全能。人的智慧有限，如果只凭借自己有限的智慧去工作，很多地方都会考虑不周，或者有失偏颇，最终导致失败。俗话说："三个臭皮匠,顶个诸葛亮。"集百家之长,才是制胜的真理。

虽说集思广益很重要,但并不表示一有事就要开会找人商量。这种做法有时很必要,有时却会导致拖拖拉拉、问题悬而不决,并不适用于紧急情况。实际上,如果遇事就开会,花费的时间相当巨大。对于小公司来说也许可以,但是大公司几乎无法推行。

重要的不是形式,而是经营者的心。也就是说,经营者要了解集思广益经营的重要性,平时注意倾听员工心声,营造员工自由表达的氛围。如果这些都可以在日常工作中做到,即使公司事务只由经营者一人判断,其中蕴含的也是全体员工的智慧。

另外，经营者要在集思广益、勤于思考、做好工作的同时，尽可能地把工作交给部下，发挥他们的自主性，这也是发挥智慧的一种方式。

最大限度发掘每名员工的才能，公司的整体发展离不开集体智慧。随着公司规模的壮大，经营责任人更要在集体智慧的基础上作出经营判断，如果每项工作都可以实现这种模式，集思广益的效果将显而易见。

当然，具体的实施方法有很多种，最重要的是时刻牢记"集思广益"。只有具备这种意识，经营者才会端正态度，倾听他人的意见，自然汇集更多的智慧。

不过，虽然集思广益不可或缺，但经营者要有自主性和主体性，不能听了这边的想法感觉"原来如此"，那边提出不同意见，马上赞同"很有道理"，这种"墙头草"的做法会使集体智慧大打折扣。经营者应在主体性的前提下，坦诚倾听他人意见，保持经营者的"绝对地位"，在此基础上集思广益，发挥集体智慧的力量。

对立中保持和谐

经营过程中,劳资关系是极其重要的问题。劳资关系如果处理不当,不仅阻碍企业发展,甚至还有可能拖垮企业。相反,如果劳资关系融洽,经营会很快"开花结果"。对于经营者来说,如何与工会相处、维系良好的关系十分重要。

企业经营者必须清楚工会的意义和存在价值,谋求双方的共存共荣。换句话说,经营者应该想:"工会的存在是一件好事。"

当然,现实中有些工会可能并不受欢迎,甚至有时会过于偏激。这样的工会往往令经营者犯愁,"没有工会才好呢"的想法在一定程度上也能理解。

但是从更广的角度来看,无论是对企业还是对整个社会而言,工会的存在都是利大于弊。在欧美资本主义发展初期，工会本是为了抵抗资本家专制、保护工人的地位和福祉而产生的机构。工会通过各种活动提高工人生活水平，推动全社会发展。没有工会，就没有机构站在工人立场发声，而且即使经营者小心又小心，企业还是很容易走上专制的老路。劳动者的生活、福利待遇止步不前，自然就不会有今时今日的社会。

因此，我们必须认识到，工会是劳动人民的宝贵财富，工会的存在与发展、开展的合理活动是社会的正向保障。

以上是我对工会的基本认识，松下与工会以"对立而和谐"的方式相处。换句话说，企业和工会在对立的同时保持和谐。

仔细想想，宇宙万物其实都是对立而和谐的状态。每个人的个性特质各不相同，主张千差万别，这就是对立。月亮和太阳是对立的，山和河、男人和女人也是对立的。但是对立不是唯一的存在状态，宇宙万物在对立的同时也彼此协调，构成了自然和人类社会发展的秩序。

对立与和谐就是恒常的自然之理和社会规律，劳资关系也需要遵循这一规律。企业、经营者履行社会使命，思考发展企业的内涵。工会则以提高员工的地位和福祉、增强劳动者的责任意识为主要目标。双方在薪酬、其他工作条件方面必然存在对立，从劳资双方的作用来看，这种对立无法避免。

但是，一味搞对立将妨碍业务的正常开展，导致企业无法充分完成其使命。这也将进一步影响员工的切身利益,使员工福利难以提升。因此,劳资关系的处理更需要在对立的同时注重协调。

企业和工会的各方利害关系先姑且不论,毋庸置疑的一点是双方最终目的是一致的。没有企业的发展,工会就无法持续提升员工福利。员工福利得不到提高,工作的积极性就会下降,生产效率也不会提高,企业无法取得真正发展。特别是在日本,终身雇佣已经作为制度固定下来,工会作为独立于企业的组织,就更加需要认识到这一点。如果企业陷入困境破产倒闭,员工的生活必然受到影响。

企业和工会目标一致,但是侧重点有所不同。

双方可以在利益不一致的方面保持对立，在利益一致的方面发展合作，建立双赢的关系。经营者要有对立与和谐的思想，向工会和员工真诚表达构建对立和谐的良好劳资关系的愿望。

此外还要注意的一点就是劳资双方的力量对比关系。势均力敌的力量关系是最佳状态。从双方的立场来看，一方力量过大，看似更容易通过自己的主张，但现实往往事与愿违。一方获得更多主动权后，长此以往容易变得专横、自以为是，招致弱势一方的反感，甚至使其丧失热情，反而影响企业发展。

劳资双方好比车的两个轮子，一个大、一个小，车辆难以前行。两个轮子必须大小一致，如果一方力量强大，最好向另一方提供帮助。均衡发展的劳资双方在对立中谋求和谐，这种努力最终会产生良性效果，推动公司发展和员工福利提高。

经营是一种创造

我认为"经营"具有高度价值,堪称一门艺术。

把经营列为艺术,很多人可能感觉有些新奇。一般来说,艺术多指绘画、雕刻、音乐、文学、戏剧等,是高尚的精神产物。与此相对,事业经营则是充满物欲的俗事。其实,如果把艺术看作一种创造活动,那么经营这种创造活动与其有着异曲同工之妙。

优秀的画家创作之前会先构图,然后在空白的白色画布上使用颜料创作,最终完成作品。艺术作品不单是布或者颜料,更是画家灵魂的跃动,是"无中生有"的伟大创造。

那么企业经营呢?经营者需要提前思考事业蓝图,制订计划,在此基础上筹集资金,建造工厂，采购设施，汇聚人才，开发并生产商品，为人们提供帮助。这个过程和画家创作大同小异，都是创造的连续。

单从形式来看，企业虽然制造的是产品，但细节中处处充斥着经营者跃动的精神。从这个意义上说，企业经营与画家等艺术家的创作殊途同归，配得上"艺术"之名。

相比之下，经营的内容其实更加复杂多样。企业经营涉及的部门种类繁多，有研发部门、制造部门、销售部门、原材料采购部门，以及会计和人事等间接部门。经营中的每一步都是创造活动，统合、协调各个部门的企业经营更是如此。

这样看来，虽说经营是一门艺术，但它不同于绘画、雕塑等独立艺术形式，是一门包罗万象的综合艺术。

经营始终在变化，这主要是因为影响经营的社会、经济形势时刻在变化。经营必须顺应变化，先发制人，妥善应对。这一点与画完即完成的绘画截然不同。经营并没有重点一说，因为它是不断产生和发展的过程，这一过程本身就是艺术作品。从这个意义来说，经营是有生命力的综合艺术。

当然，这并不意味着经营高于其他艺术形式。毋庸置疑，艺术可以丰富人类情操、提升人类精神，十分宝贵，其实经营的价值也不逊色。

艺术作品的价值也不尽相同。绘画、文学、音乐作品中，既有令人感动的艺术佳作，也有拙劣作品。金钱并不是衡量艺术作品价值的最佳手段，但作为一种衡量标准，同样是画作，既有几百万、上千万，甚至上亿日元的名作，也有一万日元轻松入手的作品。不仅是绘画，其他艺术形式也是如此。

这一道理同样适用于经营。有的人经营手腕堪称艺术、令人叹为观止，有的人却徒劳无功，毫无成果。经营虽然是有生命力的综合艺术，但并不是所有的经营都名副其实。

工厂设施、产品、销售方式、人才的培养和使用、财务会计等，各个环节融会贯通，这样的综合经营方能彰显企业精神和经营理念，才是算得上真正的经营艺术。

就画作而言，完成度不同，价值天差地别。

经营也是如此，只不过拙劣的画作即使不能引起读者共鸣，也不会带来负面影响。

但经营不善就未必如此了。拙劣的经营会影响各方利益，典型的例子就是企业破产，"失败作品"对社会的影响可见一斑。配得上"艺术"之名的卓越经营则会对社会产生积极推动作用。

相比普通艺术家，经营"艺术家"更有义务创作"名作"。

我对艺术并不精通，但听说艺术家的成名之路充满荆棘，创作作品更是要全身心投入。只有这样才能创作出令人感动、流传后世的艺术作品。

同理，要创作出有生命力的综合艺术——"经营",经营者必须有不亚于此,甚至更加投入的精神。没有付出,或者仅靠普通的努力就想画出价值几百万日元的佳作,这简直是天方夜谭。

经营是有生命力的综合艺术。经营者必须充分意识到经营的价值,以高度的自豪感参与其中,付出最大的努力。

适应时代变化

正确的经营理念基本在任何时代都是相通的。所谓的经营,始终是经营者以人类自身幸福为目标而开展的活动,人的本质在任何时代都不会改变,那么正确的经营理念基本上也不会改变。正因为如此,正确的经营理念才如此重要。

在现实的经营活动中,经营理念多表现为方针策略,企业的方针策略不能一成不变,必须根据时代要求不断调整,也就是"与时俱进"。社会在各个方面快速变化,身处其中,企业更要适应社会变化,领先一步,方能先发制人。

为了做到这一点,经营者必须拿出更好的产品。今日胜于昨日,明日胜过今日。昨天对的事情今天不一定正确,随着形势的变化,很多会变成

"明日黄花"。

当今社会,不少历史悠久的"老字号"陷入经营困境。百年老店不可能没有正确的经营理念,甚至可以说,不少店铺创业之初就拥有不逊色于其他店铺的优秀理念。然而,理念再好,方针和做法不符合时代,应用于实际也无济于事。当然有的店铺十年如一日恪守传统,也确实获得了成功,但要明确一点:传统的内核可以原样保留,不过要根据时代的要求适当调整。

以宗教为例就很容易理解了。伟大的宗师传授的经典教义在任何时代都光彩熠熠,但是教义的表述形式如果一直沿袭古代的说法,现代人将很难接受。只有顺应当今时代的要求,以适当的形式传承诵读，才能"捕获"更多信徒的心。现实中，以现代方式传扬祖师教诲的宗教团体也确实获得了很多共鸣，聚集了众人的信仰。

综上所述，无论经营理念如何优秀，实际中只是十年如一日、一成不变发展的话，企业不会有长足的发展。时代需要新鲜血液，秉承正确经营理念并更新具体方针和策略才是上上之策。正确的经营理念唯有"与时俱进"，才能真正拥有永恒的生命。

关心政治

在现代社会中，为了真正推动企业发展，经营者不可忽略的一点是一定要了解政治，学会提出必要的需求。

也许有人认为，政治是政治家的事情，经营者只需要考虑事业的发展就可以了，事实果真如此吗？

也许是封建残余的缘故，日本人普遍认为"政治高高在上"。第二次世界大战前这种倾向尤其明显。我长期在大阪工作，那里普遍认为"政治是政治，经济是经济。商人就要独立自主，靠自己的力量做生意"，这种风气也是现实的体现。第二次世界大战前政治和经济之间的联系不强，出现这种情况也无可厚非。

但是现代社会已经完全改变,经济动向很大程度上受政治现状左右。例如,在过去,经济景气还是不景气被认为是单纯的经济问题;然而如今,政府可以通过经济政策、财政政策等在一定程度上调控经济。

随着经济活动的蓬勃发展,道路、机场以及其他各种社会设施都需要扩充,这些都离不开政治。企业的发展离不开人才,而"培养人才的学校教育"更是与政治息息相关。此外,企业的活动也需要通过各种许可,政治成本对企业生产成本具有重要影响。

综合来看,企业为完成使命、贡献社会,一方面需要自身努力经营,另一方面需要顺应以政治生态为中心的社会形势要求。

换句话说,企业要秉持正确的经营理念,诚信经营,励志图新,但是这样还远远不够。除了内部的努力,经营者还要思考政治层面的经济政策是否契合自身发展,只有各项政策方针"顺风顺水",企业才能顺利发展,开花结果。一旦政治生态失衡,经营努力有可能会化为乌有。

作为经营者和经济人士,为了完成本来的使命,付出辛勤努力是必需的,但单靠努力还远远不够。在努力的基础上,经营者关注国家政策是否适宜企业经营,关心政治,提出自己的诉求,这些都极为重要。当下的民主主义时代正是经营者翘首以盼的时代。

经济人士提出的政治诉求常常被认为是企业在为自己或自己的行业谋求特别的好处，我在此处说的绝不是这种意思。这种误解甚至会误导政治，毕竟将政治当作囊中之物不是什么好事。商人需要从自己的角度思考何为对国家、国民有利的政策，并提出相应诉求。

合理的诉求加上适当的政策，政治生态逐渐步入良性循环，企业干劲儿十足，自然可以更好地担当社会责任。

所以，经营者应当在努力发展事业的同时，始终对政治抱有浓厚的兴趣，适当提出诉求，切实履行责任。

培养素直之心

在企业发展过程中，经营者需要注意的事情很多，其中最根本，也是我个人一直追求的一点就是素直之心。经营者只有拥有一颗素直之心，前文提到的要点才能更好地发挥作用；经营者缺乏素直之心，企业不可能实现长足发展。

素直之心是不被束缚的心，是不被利害关系、感情、学识、先入为主的观念等束缚，真实看待事物的心。倘若心有烦恼，就不能如实看待事物，就像通过彩色、扭曲的镜头看东西一样。红色镜头之下，白纸也会变红；扭曲的镜头之中，笔直的棍子看起来也是弯曲的。"有色眼镜"无法正确捕捉事物的真相，严重失真，同样，如果心灵被扭曲、变色，看到的事物自然容易失真，行动也会出错。

素直之心就是透明、真实的镜头，看到的事物白就是白、直就是直，如实呈现现实和事物真相。只要心灵素直，无论在什么情况下看问题、做事情，都可以相对减少失误。

所谓经营，是遵循天地自然之理、倾听世人的声音、汇集众人智慧、履行应尽义务的行为，只要做到这几点就一定能成功。这样看来经营其实并不难，难的是在做到这些的同时必须拥有一颗素直之心。

首先是遵循天地自然之理。下雨天打伞理所当然，这就是素直之心。一味固执己见，雨天也不打伞，那是因为内心被某些事物束缚住了。如此一来，人会被淋成落汤鸡，企业的经营也不会取得成功。

其次是谦虚倾听社会、部下的声音。这是素直之心的必然要求。如果心生业障,只认为自己是正确而厉害的,对别人的话置若罔闻,自然无法汇集众人的智慧,最终只能沦落到靠个人才智经营企业的地步,这种做法大概率会失败。

拥有素直之心,就能看清事情的真相。在此基础上,该做什么、应该怎么做一目了然。做该做之事,拒绝不能做之事,这也是真实勇气的来源。

拥有素直之心,宽容慈悲之心也将相伴而生,人与物皆能发挥作用。无论形势如何变化,都可以灵活、快速、无障碍地适应变化,推动经营与时俱进。

用一句话概括，素直之心令人变得更加坚强、更加聪明、立场更加正确。立场正确、坚强、聪明的极致就是神。虽然人不可能成为神，但随着心灵素直程度的日益加深，人开始无限度接近于神，无论做什么都更容易成功，公司的经营自然也将蒸蒸日上。

话虽如此，培养素直之心绝非易事。人有悲欢离合、喜怒哀乐，也有各种欲望，这是人之本性，不可能完全消除。没有这些，人也就不是人了。

因此，容易被这种自我感情和利害关系束缚，也是人的属性之一。随着学问知识的快速进步，各种主义和思想接连产生，束缚人的要素也逐渐增加。不被束缚是"说起来容易做起来难"。正因为难，素直之心才弥足珍贵，需要努力培养并不断提升。

那么怎样才能培养素直之心呢？方法其实很多。据说日本战国时代的武将中不少人热衷于禅修。禅修可以消除心灵的桎梏，可以通往素直之心。我们可以这样理解：战斗是一种需要拼命的"经营"，要求人高度认真，因此武将们会通过禅修修炼内心，以便使自己的内心摆脱束缚，以这样一颗心投入战斗。

据说，下围棋很特别，即使没有老师进行特别指导，下一万局也能达到初级水平。以此类推，如果内心强烈渴望变素直，长此以往，一万天，也就是大约三十年后，也许可以到达素直之心的初级阶段。虽是初级,但在处理事务的过程中就可以澄澈心灵,避免犯大错误。抱着这种想法,我每天都反躬自省,审视言行,尽量培养自己的素直之心。

只要方法正确,持之以恒,终会开花结果。经营者更应该培养素直之心,没有素直之心,就不可能真正获得经营的成功,更不会有人生的真正幸福。如果素直之心分阶段,我们一定要努力达到初级。到了初级阶段,各种好处自会显现。可以说,素直之心就是人取得事业成功所必需的基本条件。

后 记

我在本书中从多个角度阐述了自己对于经营的理解。本书并不是学术著作，说到底，文中提到的内容都是我自己在经营过程中总结的个人经验，是我在实际工作中的所感所想。从这个意义上来说，本书在理论方面或许有所欠缺，但在实际经营的过程中，每条结论基本都不会出错，而且极其重要。

我认为，以本书内容作为基本经营理念指导实际经营工作有助于我们取得成功，这一点不但与我的切身经历相符合，也被诸多见闻所印证。我相信经营本身就是这么一种东西，只要按照一定的原则推进，就能顺利和成功。有一点需要注意的是，即使经营理念相同，具体的经营方式也多种多样。经营者完全可以将自己的特色融入经营之中，具体做法并不是唯一的。忽视个人特征、盲目模仿他人的经营很有可能走上歧途。

就我个人的经营而言，松下电器由众多企业和事业部门组成，经营负责人、社长、部长人数众多。同为松下电器的公司部门，基本的经营理念完全一致，否则就会出现"各自为政"的混乱局面。经营理念虽然相同，但是社长和部长各有特色，所以实际经营也各有自己的风格。如果有五十名社长或部长，具体的经营方法可能就会有五十种，现实也确实如此。

人的长相不同，品味各异。别人做得好，自己也去模仿，结果却不一定顺利。适合自己的才是最好的。找到自己的特色，这才是通往成功的道路，也希望本书对各位读者有所助益。

图书在版编目（CIP）数据

经营哲学：松下幸之助的 20 条实践心得 /（日）松下幸之助 著；艾薇 译. —北京：东方出版社，2024.3
ISBN 978-7-5207-3585-8

Ⅰ.①经… Ⅱ.①松… ②艾… Ⅲ.①松下幸之助（1894—1989）—企业管理—经验 Ⅳ.① F431.336

中国国家版本馆 CIP 数据核字（2023）第 145530 号

JISSEN KEIEI TETSUGAKU
By Konosuke MATSUSHITA
Copyright © 2001 by PHP Institute, Inc.
All rights reserved.
First original Japanese edition published by PHP Institute, Inc., Japan.
Simplified Chinese translation rights arranged with PHP Institute, Inc.
through Hanhe International (HK) Co., Ltd.

本书中文简体字版权由汉和国际（香港）有限公司代理
中文简体字版专有权属东方出版社
著作权合同登记号 图字：01-2023-2521 号

经营哲学：松下幸之助的 20 条实践心得
（JINGYING ZHEXUE SONGXIAXINGZHIZHU DE 20 TIAO SHIJIAN XINDE）

作　　者：[日] 松下幸之助
译　　者：艾　薇
责任编辑：刘　峥
出　　版：东方出版社
发　　行：人民东方出版传媒有限公司
地　　址：北京市东城区朝阳门内大街 166 号
邮　　编：100010
印　　刷：番茄云印刷（沧州）有限公司
版　　次：2024 年 3 月第 1 版
印　　次：2024 年 3 月第 1 次印刷
开　　本：787 毫米 × 1092 毫米　1/32
印　　张：3.625
字　　数：35 千字
书　　号：ISBN 978-7-5207-3585-8
定　　价：54.00 元
发行电话：（010）85924663　85924644　85924641

版权所有，违者必究
如有印装质量问题，我社负责调换，请拨打电话：（010）85924602　85924603